憲法カフェで語ろう

憲法カフェへようこそ2

9条・自衛隊・加憲

あすわか＋柳澤協二
（明日の自由を守る若手弁護士の会）　元内閣官房副長官補

かもがわ出版

はじめに　憲法カフェで防衛談義？

明日の自由を守る若手弁護士の会（あすわか）

小谷　成美
Kotani Narumi

　ふたたび、憲法カフェへようこそ！

　明日の自由を守る若手弁護士の会＝あすわかの小谷成美です。2016年5月3日に初版が出版された前作「憲法カフェへようこそ」では、「9条カフェ」の章を担当させて頂きました。

　私たちあすわかのメンバー（約600人）は、晴れの日も、雨の日も、雪の日も、学校・お寺・教会・カフェ・レストラン・居酒屋などいろんな場所で開催される「憲法カフェ」で気軽に憲法のお話しをしています。

　日本国憲法は、前文で、「政府の行為によって再び戦争の惨禍が起こることのないようにすること」を決意しています。9条では、もう2度と戦争しないこと、戦力を持たないことを決めました。

　そんな憲法ができてから72年。この間、私たちの国は、戦争に"当事国としては"参加したことはありません。海外で自衛隊が武器を使って人を殺したり、殺されたりしたことも、"まだ"ありません。

　しかし今、憲法に自衛隊を書き込むという改憲案が自民党から提案されています。この案では、今ある自衛隊を憲法に書くだけで、何も変わらないという説明がされることがあります。本当でしょうか？

　「今ある自衛隊」ってどんな自衛隊でしたっけ？ 2015年に成立した安保法制は、今回の9条「加憲」とどんな関係があるのでしょう。

　憲法9条が変わることで、何が変わるのか。私たちが押さえておかなければならない判断のポイントは何なのか。もう一度、イチから頭の整理をしていきましょう。

　この本では、第1章で憲法9条の条文と従来の政府の考え方について橋本智子弁護士が解説します。第2章では、谷次郎弁護士が9条「加憲」の問題点を、法律家の視点から指摘します。
　そして、第3章では、元内閣官房副長官補の柳澤協二さんに「平和に生きるために考える『戦争』と『憲法』」と題し、語って頂きます。柳澤さんは、従来の政府解釈であった「専守防衛」の考え方の下に、安倍総理を含む4代の総理大臣の参謀役を務められ、イラク戦争時に

は官邸で自衛隊派遣を統括された、まさに防衛のエキスパートです。

「憲法カフェで防衛談義をするの!?」と思われる方もいらっしゃるかもしれませんが、安全保障の現実も、主権者としてまずは"知る"ことが大事ですよね。

柳澤さんには、プロとして日本の安全保障を考え抜いてきた立場から、9条「加憲」で問われていることを冷静に分析頂きます。

最後に、第4章であらためて、ほんとうの平和とは何か、一緒に考えましょう。

さてさて、どーしても、長く・難しくなってしまいがちな憲法9条にまつわるアレコレ。でも、あすわか流に、できるだけ短く・わかりやすく、お話ししていきますね。

今回も、コーヒーや紅茶を片手に、憲法カフェをお楽しみ下さい！

憲法カフェへようこそ 第2弾 もくじ

はじめに　憲法カフェで防衛談義？　　　　　　　　　弁護士 小谷　成美...1

第1章 憲法カフェへようこそ！再び　弁護士 橋本 智子...6

今回は、とことん平和主義！...6／憲法ってなに？ おさらい...7／憲法9条を読んでみましょう！...9／政府の考え方を確認しておきましょう...12／「解釈改憲」という暴挙...13

コラム●「何も変わらない」はずだった国旗国歌法の制定と、
　　　　その後の教育現場の大変化。　　　　　　　　　弁護士 谷　次郎...15

第2章 ここが問題 9条「加憲」論　弁護士 谷 次郎...16

1 はじめに...16／**2** これまでの憲法9条をめぐる動き...18／**3**「たが」としての憲法...20／**4** 9条「加憲」で、自衛隊に国家機関としての憲法上のお墨付きが与えられる...21／**5** 9条「加憲」に関する自民党の素案は憲法の「たが」が全く外れている...22／**6** 9条「加憲」の行き着く先は？...26

コラム●元米兵が語る9条　　　　　　マイク・ヘインズ、ローリー・ファニング...27
コラム●9条と24条、そして家庭教育支援法案　　　　　弁護士 橋本　智子...28
コラム●「ファシズム」に共通する14の特性　　　　　　弁護士 谷　次郎...31

第3章 平和に生きるために考える「戦争」と「憲法」
元内閣官房副長官補 柳澤 協二...32

ミサイルと地震は違う...32／「やられる前にやっつける」とは、どういうことか...33／新兵器でミサイルを防げるのか？...34／抑止力という考え方...35／ミサイルを持つ理由を考える...40／ミサイルが飛んでこないようにする...37／アメリカ軍とはどういう存在か...39／それでも北朝鮮を信用できるのか？...39／抑止力は強いほどいいのか？...40／戦争がなければ平和と言えるのか？...41／中国とどう付き合うか...43／アメリカと手を組めば平和になるのか...45／戦争はどうやって起きるか...47／戦争をだれが止めるのか...48／人として考える戦争...49／憲法と国防・「専守防衛」という戦略...51／国民は、どういう自衛隊を望むのか...54／9条「加憲」で問われていること...56

コラム●私たちが今知るべき戦争のリアル　弁護士 武井 由起子...58

第4章 ほんとの平和ってなんだろう？
弁護士 橋本 智子...60

外国から攻められたらどうしよう?!...60／「平和」を探してみましょう...62／平和のうちに生存する権利...65／「権利」という言葉の意味するもの...66／「現実」を考えてみましょう...67／「人間の安全保障」という考え方...69／そして「平和への権利」...71／さて、答えは…...72

コラム●「軍事力」ではない、安全保障としての難民保護　弁護士 弘川 欣絵...73

あとがき　弁護士 遠地 靖志...76

プロフィール　...78

憲法カフェへようこそ！再び

橋本智子 Hashimoto Tomoko
明日の自由を守る若手弁護士の会（あすわか）

 今回は、とことん平和主義！

　みなさん、こんにちは。あすわかの橋本智子といいます。
　今回の憲法カフェでは、日本国憲法が宣言する「平和」について、とことん考えてみましょう。
　戦争をしない、戦力を持たないという9条の宣言。でも、どこぞの悪い国が攻めてきたらどうするんだ、ということは、これまでずーっと言われていますし、みなさんも心の中で漠然と不安に感じていらっしゃることでしょう。戦争はいけないものだ、戦争はイヤだ。だけど自分の国を守るためなら仕方ないんじゃないだろうか？

憲法カフェで、よく聞かれる声です。

それでは、一緒に考えていきましょう。

 ## 憲法ってなに？ おさらい

まずは、おさらいです。『憲法カフェへようこそ』で詳しくお話したように、憲法とは、市民が国家権力に対して、「守れ」と命じるルールのこと

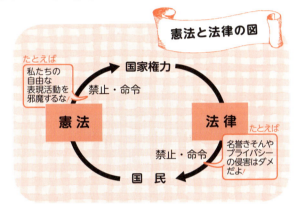

憲法と法律の図

でしたね。市民は、自由で平等な社会を運営するために、国家に権力を預けます。でもその権力が好き勝手に使われては本末転倒だから、国家権力を手枷足枷でがんじがらめにしておく。これが憲法です。

つまり、「私たちの自由な表現活動を邪魔するな」（**表現の自由、21条1項**）とか、

「私たちに特定の宗教を押しつけるな」（**信教の自由、20条1項**）などというように、市民の国家権力に対する「○○してはいけない」という禁止の命令、これが憲法の第1の役割です。

また、国家は市民が安心して生活ができる

ようにいろいろサービスをしなければならない、生活に困っている市民がいたら助けなければならない**(生存権、25条1項)**、といった義務を国家に課すということも、今日の憲法の重要な役割です。日本国憲法でも、誰でも平等に教育を受けられるように、国は最低限、義務教育はタダで受けられるようにしなければならない**(26条1項、2項)**とか、国は国民みんなが人間らしく働けるように法律や制度を整えなければならない**(27条1項、2項)**とか、国家権力に対して「○○しなさい」という命令が、いくつもあります。

　このように、国民の「自由」や「権利」という名前で呼ばれているものはどれも、国家権力に対する禁止や命令、ということでした。国家権力は憲法で許された範囲内でだけ、国民に対して、義務を課したり責任を負わせたりすることができるわけです。これが、法律です。

　このようにして、法によって国家権力のできることとできないことをしっかり決めておき、国家権力をがちがちに縛る。これを、小難しい言い方ですが「立憲主義」というのでしたね。

憲法9条を読んでみましょう！

さて、ここから本題の平和主義のお話です。

憲法といえば9条、というくらいに、よく知られた条文ですが、じっくり読んだことのある人は、それほど多くはないのではないでしょうか。

> 1　日本国民は、正義と秩序を基調とする国際平和を誠実に希求し、国権の発動たる戦争と、武力による威嚇又は武力の行使は、国際紛争を解決する手段としては、永久にこれを放棄する。
> 2　前項の目的を達するため、陸海空軍その他の戦力は、これを保持しない。国の交戦権は、これを認めない。

改めて読んでみると、堅苦しい文章ですね。かみ砕いてみましょうか。

> 　日本国民は、世界中が平和であり続けることを心から願って、二度と絶対に戦争をしないと約束します。他の国と争いが起きたときにも、その解決のために、その国を軍隊の力で脅かしたり、軍隊を出して攻めることは、絶対にしません。
> 　ですから、私たちはもう、軍隊は持ちません。私たちの国には、戦争をする権利は、ありません。

この9条は、あの悲惨で無謀な戦争への深い反省から生まれました。そのことのよくわかる一文をご紹介しましょう。

それは、1947年、今の憲法が成立してまもなく、当時の文部省が、全国の中学生に向けて作った『あたらしい憲法のはなし』という社会科教材の中にあります。

　みなさんの中には、こんどの戦争に、おとうさんやにいさんを送りだされた人も多いでしょう。ごぶじにおかえりになったでしょうか。それともとうとうおかえりにならなかったでしょうか。また、くうしゅうで、家やうちの人を、なくされた人も多いでしょう。いまやっと戦争はおわりました。二度とこんなおそろしい、かなしい思いをしたくないと思いませんか。こんな戦争をして、日本の国はどんな利益があったでしょうか。何もありません。ただ、おそろしい、かなしいことが、たくさんおこっただけではありませんか。戦争は人間をほろぼすことです。世の中のよいものをこわすことです。だから、こんどの戦争をしかけた国には、大きな責任があるといわなければなりません。このまえの世界戦争のあとでも、もう戦争は二度とやるまいと、多くの国々ではいろいろ考えましたが、またこんな大戦争をおこしてしまったのは、まことに残念なことではありませんか。

　そこでこんどの憲法では、日本の国が、けっして二度と戦争をし

ないように、二つのことをきめました。

　その一つは、兵隊も軍艦も飛行機も、およそ戦争をするためのものは、いっさいもたないということです。これからさき日本には、陸軍も海軍も空軍もないのです。これを戦力の放棄といいます。「放棄」とは「すててしまう」ということです。

　しかしみなさんは、けっして心ぼそく思うことはありません。日本は正しいことを、ほかの国よりさきに行ったのです。世の中に、正しいことぐらい強いものはありません。

　もう一つは、よその国と争いごとがおこったとき、けっして戦争によって、相手をまかして、じぶんのいいぶんをとおそうとしないということをきめたのです。おだやかにそうだんをして、きまりをつけようというのです。なぜならば、いくさをしかけることは、けっきょくじぶんの国をほろぼすようなはめになるからです。また、戦争とまでゆかずとも、国の力で、相手をおどすようなことは、いっさいしないことにきめたのです。これを戦争の放棄というのです。そうしてよその国となかよくして、世界中の国が、よい友だちになってくれるようにすれば、日本の国は、さかえていけるのです。

　みなさん、あのおそろしい戦争が、二度とおこらないように、また二度と戦争をおこさないようにいたしましょう。

政府の考え方を確認しておきましょう

　これを読むと、「あれ？　やっぱり自衛隊って、憲法は認めていないんじゃないの？」という疑問がわいてきますね。

　この点について、政府は、自衛隊ができてから一貫して、「自衛のための必要最小限度の実力」をもつことは、9条のもとでも、許される。日本自身が外国から武力攻撃を受けたときには、国民の安全を守るために、この「実力」を行使して追い払うことができる、という考えを、明確にしてきました。

　自分の国が武力攻撃を受けたときに、それに反撃する国家の権利のことを「個別的自衛権」といいます。「正当防衛」をイメージするとわかりやすいですね。そのような権利までは、憲法9条は放棄していない、ということです。

　そして、自衛隊は「戦力」といえるほどの大きな武力は持っていない、あくまでも、いうならば「正当防衛」として自分たちの安全を守るためだけに必要な、最小限度の「実力」なのだから、9条に違反しない、と説明されてきました。

　こんなのは詭弁だという憲法学者もいるのですが（そのような批判をかわしたいがために、今回のような「加憲」という話も出てくるわけですが）、それはさておき、ここで確認しておきたいのは以下のことです。

　それは、これはあくまでも、日本が攻められたときに限った話だということです。日本が攻められていないときには、この「実力」を行

使することは許されない、ということもまた、政府は一貫して明らかにしてきました。

「解釈改憲」という暴挙

　ところが、政府は2014年7月、「いわゆる集団的自衛権も、9条は認めている」という内容の「新たな」憲法解釈を閣議決定してしまいました。「集団的自衛権」というのは、日本自身が武力攻撃を受けていなくても、日本と密接な関係にある外国が武力攻撃を受けたときには、その外国と一緒になって反撃をするということです。この「新たな」憲法解釈のもとで、翌2015年9月、「戦争法」とも呼ばれる「平和安全法制（安保関連法）」が、「強行採決」によって成立したことになってしまいました。

　政府は、「自衛のための必要最小限度の実力」という枠組み自体は、

きちんと維持している、というような説明をしています。しかし、その実質的な中身は、この「集団的自衛権」を９条に読み込んでしまったために、大きく変容してしまっています。なぜなら、日本が武力攻撃を受けていなくても、なおかつ地球のどこへでも行って、「自衛権」を行使することができる、と政府が考えるようになってしまったからです。

　さて、そんな中で唐突に（？）政権与党から出てきた「９条に『加憲』」という提案。

　「今の９条はそのまま残す。そこにただ自衛隊を書き込むだけで、現実には何も変わらない」とかれらは説明します。

　さきほどお話ししたように、少なくない憲法学者が、「自衛隊は憲法違反だ。政府が合憲だという理屈はおかしい」などと批判していることから、そのような論争をなくすためだけなのだ、というのです。

ほんとうに、それだけなのでしょうか？
次章で谷弁護士が詳しく解説します。

コラム

「何も変わらない」はずだった国旗国歌法の制定と、その後の教育現場の大変化。

明日の自由を守る若手弁護士の会（あすわか）
谷　次郎 Tani Jiro

　9条「加憲」について、「現状を規定するだけで何も変わらない」というような説明がなされることがありますが、かつて、ある法律の制定に当たって同じような説明がされたことがありました。その法律とは、国旗国歌法です。

　国旗国歌法は、国旗を日章旗（日の丸）、国歌を君が代と規定する法律で、1999年に制定されました。国旗国歌法の制定にあたり、当時の総理大臣であった小渕恵三氏は「今回の法制化は、国旗と国歌に関し、国民の皆様方に新たに義務を課すものではありません」とする談話を発表していました。しかし、国旗国歌法の制定後、教育現場では、特に卒業式や入学式において君が代の斉唱や日の丸の掲揚が大手を振って行われるようになり、東京や大阪では、それに反対する教師達が、大ぜい懲戒処分を受けることになりました。

　このように、「現状を規定するだけで何も変わらない」というような説明は、えてして当てにならないことがあります。

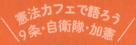

ここが問題
9条「加憲」論

谷次郎 Tani Jiro
明日の自由を守る若手弁護士の会（あすわか）

 **はじめに**

　いま、政治的に大きく焦点化している憲法改正では、憲法9条の「加憲」ということが言われています。

　この章でいう9条の「加憲」とは、いまの憲法9条1項、2項の条文はそのままにして一切変更せず、別に、自衛隊に関する条文を追加するという憲法改正を行うこと、としておきます。

　マスコミなどの報道では、9条3項「加憲」というような言われ方をすることもありますが、追加する条文が3項になるとは限らず、例えば9条に続いて別の条項を追加することも考えられます。

2017年5月3日の憲法記念日に当たり、安倍晋三自民党総裁は、憲法改正を目指す団体に対して憲法改正に関するメッセージを寄せました。そのメッセージには、下記のような一節がありました。

> 例えば、憲法9条です。今日、災害救助を含め、命懸けで24時間、365日、領土、領海、領空、日本人の命を守り抜く、その任務を果たしている自衛隊の姿に対して、国民の信頼は9割を超えています。しかし、多くの憲法学者や政党の中には、自衛隊を違憲とする議論が、今なお存在しています。「自衛隊は違憲かもしれないけれども、何かあれば、命を張って守ってくれ」というのは、あまりにも無責任です。
>
> 私は少なくとも、私たちの世代のうちに、自衛隊の存在を憲法上にしっかりと位置づけ、「自衛隊が違憲かもしれない」などの議論が生まれる余地をなくすべきである、と考えます。
>
> もちろん、9条の平和主義の理念については、未来に向けて、しっかりと堅持していかなければなりません。そこで「9条1項、2項を残しつつ、自衛隊を明文で書き込む」という考え方、これは国民的な議論に値するのだろうと思います。

そして、自民党は、2018年3月25日、党大会で改憲4項目(注1)の条文素案を作成したと発表しました。報道されているところによると、9条「加憲」については、いまの憲法9条に続けて、以下のような条文を追加するという案になっているとのことです。

(注1)「9条改正」、「緊急事態条項の創設」、「参院選の合区解消」、「教育の充実・強化」。

> 9条の2　①前条の規定は、我が国の平和と独立を守り、国及び国民の安全を保つために必要な自衛の措置をとることを妨げず、そのための実力組織として、法律の定めるところにより、内閣の首長たる内閣総理大臣を最高の指揮監督者とする自衛隊を保持する。
> ②自衛隊の行動は、法律の定めるところにより、国会の承認その他の統制に服する。

　この案を、この章では「自民党の素案」といいます。いまの憲法9条1項、2項の文言はそのままにするというのですから、一見、現状をあまり変えるものではないかのように思えてしまいます。安倍晋三総理大臣も、2018年1月25日の衆院代表質問で、わが国の安全保障の基本原則について「専守防衛は憲法の精神にのっとったもので、わが国防衛の大前提だ。この点は今後とも、いささかの変更もない」と述べました。しかし、本当にそうなのでしょうか。以下に、自民党の素案にもとづいて、9条「加憲」の問題点を指摘したいと思います。

2 これまでの憲法9条をめぐる動き

　第1章に書いたように、憲法9条1項は、国際紛争を解決する手段としての戦争、武力による威嚇、武力行使を禁じ、2項は「陸海空軍その他の戦力」の保持を禁止しています。そのことから、日本政府は、

自衛隊が、「陸海空軍その他の戦力」に当たらない「自衛力」であるとして、その合憲性を一貫して肯定してきました。

自衛隊は、戦車や艦艇、航空機などの兵器を備えた実力組織であるとはいえ、憲法9条1項、2項に反しないものであるという前提がありました。自衛隊には、防衛出動に際して必要最小限の武力を行使する権限こそ付与されていますが**（自衛隊法88条1項）**、逆にその範囲に止まるものとされてきたため、自衛隊の活動の範囲は極めて限定されてきました。自衛隊の兵器についても、厳しい制約が加えられてきました。例えば、政府の答弁では、大陸間弾道ミサイル（ICBM）や長距離戦略爆撃機、攻撃型空母は保有できないとするものがありました。そして、そのような厳格な制約の下にある自衛隊は憲法に違反しないというのが、一貫した政府の立場でした。

一方で、憲法9条による制約を、徐々にゆるめよう、ゆるめようとしてきたのが歴代の政府が行ってきたことであることも事実です。その最たるものが、安倍晋三内閣による集団的自衛権を容認する閣議決定と、その解釈に基づく2015年の安保法制の制定です。

2015年の安保法制は、例えば、従来、自衛隊法によって自衛隊は日本自体が直接・間接に侵略された場合にのみ防衛出動ができるとしていたのを改め、日本と密接な関係にある他国に対する武力攻撃が発生した場合にも防衛出動ができる場合があること（つまり、集団的自衛権の行使を容認すること）を定めるなど、これまでは憲法9条に反してできないとしてきたことがらを、できるものと強弁して法律を改正しました。これまでの

自衛隊の任務については憲法9条に反しないと考える人であったとしても、さすがに、これは憲法違反ではないかという人が多くいます（現に、憲法学者の中でも、自衛隊自体の合憲性については賛否両論というところですが、集団的自衛権の行使容認については圧倒的に憲法違反であると考える人が多いようです）。

「たが」としての憲法

第1章では、「立憲主義」という言葉を紹介しました。別の言い方をすると、憲法は、国家権力が好き勝手なことをできようにする「たが」の役割（「たが」とは、樽や桶を外から締め固める金属などでできた輪っかのことです）をもっているということです。憲法9条は、軍事的な分野で、日本の国家権力が好き勝手なことをできない「たが」の役割を果たしています。

しかし、9条「加憲」の憲法改正がされることで、その「たが」が一気に外れることになります。自民党の9条「加憲」案の規定では、憲法9条1項、2項で定められたことの例外を定めたのが9条の2である、ということになりそうです **(注2)**。自衛隊は、憲法9条1項、2項の例外になりますので、「我が国の平和と独立を守り、国及び国民の安全を保つために必要な自衛の措置」という名目であれば、憲法9条1項の禁じる国際紛争を解決する手段としての戦争、武力による威嚇、武力行使を行うことも可能ですし、自衛隊が「陸海空軍その他の戦力」であったとしても問題がない、ということになるでしょう。集団的自衛権の行使も、安保法制の下での自衛隊法の規定では日本を防衛するために必要なこと

（注2） 条文の規定の仕方からする説明とは別に、法の基本原理である「後法優先の原則」（つまり、法の改正によって先に存在していた法と後からできた法の内容に矛盾が生じた場合、後にできた法が優先する）によって、9条「加憲」によって憲法9条1項、2項の規定の制約がなくなる、という説明も可能です。

されていますので、自衛隊の任務としても何ら問題がないことになるでしょう。9条「加憲」は、憲法9条が自衛隊という実力組織にはめていた「たが」を完全に外してしまうことになり、自衛隊は、普通の、他国における軍隊と何ら変わらないものになりかねません。そうなると、自衛隊に課される任務はこれまでよりはるかに危険なものにならざるを得ず、自衛隊員の生命や安全がその危険にさらされることになりかねないのです。

そもそも、安倍総理大臣がいうように、現状と変わらないなら、憲法改正を行う意味や理由がありません。何かしら変わることがあるからこそ、わざわざ憲法を改正するということになるはずです。9条「加憲」は、単なる言葉の問題だけでなく、これまでの憲法9条のあり方を根本的に変えると言ってもよい、大きな問題をはらんでいるのです。

9条「加憲」で、自衛隊に国家機関としての憲法上のお墨付きが与えられる

しかも、自民党の素案のように9条「加憲」がされると、自衛隊は、憲法に明記された国家機関として、強いお墨付きが与えられることになります**(注3)**。そうすると、自衛隊の活動に関しても、憲法上の国家機関が行うということでお墨付きが与えられることになり、活動範囲の拡大も行いやすくなります。防衛費も増加するでしょうし、軍需産業や武器輸出もより大手を振って出来ることになるでしょう。徴兵制が、「意に反する苦役」**(憲法18条)** として憲法違反であるというこれまでの解釈も

(注3) そもそも、憲法に明記されている国家機関は、衆議院・参議院、内閣、裁判所、会計検査院しかありません。

難しくなるでしょう。徴兵制まで行かなくても、自衛官の募集に当たって、いままでより広く、積極的なやり方が出てくるでしょう。例えば、現在学校教育の現場で行われている主権者教育や法教育と同じような装いで、憲法上の国家機関である自衛隊を代表して、制服を着た自衛官が国防教育を行う、なんてことが起こらないともあながち言えませんし、仮にそのようなことが起こったとしても批判をしにくくなるでしょう。

9条「加憲」に関する自民党の素案は憲法の「たが」が全く外れている

　そして、自民党の素案を前提とすれば憲法9条のみならず、そもそも憲法の「たが」すらもはめられていない状態になります。

　もう少し詳しく説明すると、自民党の素案の文案だと、定められているのは、①自衛隊を保持すること、②自衛隊の指揮監督者は内閣の首長である総理大臣であること、③自衛隊の行動は、国会の承認その他の統制に服すること、以上です。

　ちなみに、大日本帝国憲法では、軍隊に関しては天皇の権限として、次のような条文がありました。

> 第11条　天皇ハ陸海軍ヲ統帥ス
> 第12条　天皇ハ陸海軍ノ編制及常備兵額ヲ定ム
> 第13条　天皇ハ戦ヲ宣シ和ヲ講シ及諸般ノ条約ヲ締結ス

つまり、大日本帝国憲法は、①陸海軍を設けること、②陸海軍の統帥（指揮監督のことです）は天皇が行うこと、③陸海軍の編制は天皇が定めること、④常備兵額（つまり、平時の軍事費）は天皇が定めること、⑤宣戦布告は天皇が行うこと、を定めていたことになります。

自民党の素案の文案の規定は、大日本帝国憲法の軍隊についての規定よりも規定していることが少ないような有り様です。自衛隊に関して、憲法の「たが」がはめられた状態とは到底言えません。

諸外国の憲法と比較してみましょう。他の、軍隊を保有する国家の憲法を見ると、軍隊についての憲法的統制を、極めて詳細に規定している例が多いことが分かります。

例えば、お隣の大韓民国（韓国）の憲法は、軍隊に関連して以下のように定めています。

まず、5条1項で、侵略的戦争が否認されており、一方で5条2項で、「国軍」すなわち軍隊の使命と政治的中立性について規定されています。そして、74条1項で、国軍の統帥権は大統領にあることを定めています。

一方、60条2項で、国会の権限として、宣戦布告、国軍の外国への派遣、又は外国軍隊の大韓民国領域内における駐留に対する同意権が定められ、また、89条で、宣戦、講和その他重要な対外政策に関する国務会議の審議、91条1項に、国家安全保障に関係する対外政策、軍事政策及び国内政策の樹立に関する大統領諮問機関としての国家安全保障会議も定められています。

韓国では、宣戦布告や軍隊の海外派遣についての決定は国会の権限とした上で、軍隊の統帥は大統領が行うという形で、軍隊に対する権限を国家機関の間で分配して、憲法的な統制が効くようにしています。
　また、ドイツ連邦共和国（ドイツ）の基本法（憲法）は、次のように定めています。
　まず、87a条で、防衛のために連邦が軍隊を設置すること、軍隊の員数および組織の大綱は、予算によって明らかにされること、軍隊の出動については、防衛を除いては、基本法が明文で認めている場合に限られることを定めています。そして87b条で、連邦軍が固有の行政下部機構をもつ連邦固有の行政として行われることが定めらています。
　115a条は、連邦領域が武力で攻撃された、またはこのような攻撃が直接に切迫していること（防衛事態といいます）の確認は、連邦議会が連邦参議院の同意を得て行うことを規定しています。そして、115b条で、防衛事態の公布とともに、軍隊に対する命令権および指揮権が連邦首相に移行すると規定されています。
　ドイツでは、通常時には、連邦軍（軍隊）は行政庁の一部ということになりますが、自国の領域が武力攻撃を受けたり、武力攻撃が直接に切迫しているという場合、議会がその状況を確認して「防衛事態」として公布することにより、軍隊に対する指揮命令権が連邦首相に移ることになります。防衛時には、軍隊により民主的な統制が効くような工夫がされています。
　軍事力や軍事的実力組織は、常に暴走の危険をはらんでいます。で

すから、軍事力については、これでもか、と言わんばかりに厳しく統制するのでなければなりません。軍事力に対して憲法が統制するということは、まさに憲法の「たが」としての役割（つまり立憲主義）から出てくるべきことです。

　しかし、９条「加憲」に関する自民党の素案には、立憲主義に基づいて軍事的な実力組織である自衛隊に対して厳しい憲法的統制を行おう、という観点が全く欠けています**(注4)**。

　ここ数年、政府は立て続けにこれまでになかったような新兵器の導入を決めています。例えば、弾道ミサイルを迎撃するために、これまで海上自衛隊の護衛艦に設置していたミサイルシステムを陸上に設置するという、陸上型イージス（イージス・アショア）を新規導入する方針が決まりました。敵からレーダーで探知されにくいステルス戦闘機の配備も始まりました。また、敵基地攻撃が可能な長距離の射程を持つミサイルを導入するであるとか、広くて平らな甲板を持ち、ヘリコプターを多数搭載することが可能な護衛艦に、短距離離着陸型のジェット戦闘機を搭載することを可能にする改造を施す計画などが報道されています。

　世界的に見れば、冷戦終結以降、軍備縮小の傾向が著しく、ヨーロッパ諸国では軍隊の定員が軒並み半減しているのに、日本は自衛隊員の数は冷戦終結以降もほぼ横ばいで、相対的に突出しています。また、新兵器の導入により、むしろ軍備拡張の路線を取っているとさえ言えます。厳しい憲法的統制のないままに自衛隊を憲法に明記すれば、さらに際限なく軍備は拡張されていくでしょう。

　(注4) 自民党の素案では、それ以前の検討段階では盛り込まれていた「必要最小限度の実力組織」や「民主的統制」といった言葉が条文案から削られてしまったことにも注意が必要です。

9条「加憲」の行き着く先は？

　そもそも、政権与党である自民党としては、9条「加憲」を突破口にして、自衛隊、9条に関してさらなる憲法改正を考えているようです。

　自民党の中では、元々、9条「加憲」ではなく、憲法9条2項を削除すべきという考えが根強くあります。今回の自民党内の憲法改正をめぐる議論にあたっても、激しいつばぜり合いが起こっていました。

　そんな中、自民党の憲法改正推進本部長代行である船田元氏は、ある意味率直に、次のようなことを発言しています。

> 　機が熟すというか、国民にいろいろとお考えいただいて、あるいは国際情勢がさらに厳しくなるかもしれない。そういう時には2回目には、9条の2項については削るという形で理想論を求めていくという二つの段階があってもいいのではないか。これは自民党の案ではない。私の個人的な案だ。現実論に即して、まずは2項をそのままにして自衛隊を加憲するというのが当面とるべき道である。それで終わったらいけないと思う。それで終わったら姑息だ。さらに、2段階目を考えていくことをすれば、筋論に近づいていくと思う。

　今回の9条「加憲」で、現状が何も変わらない、というのは明らかに誤っています。そして、更に、大きく変わる突破口にもなりかねません。

コラム

元米兵が語る9条

訳：武井由起子

2017年秋、日本各地を巡ったスピーキングツアーにて。

　私たちは、「平和と自由を得るために武力で戦うべきだ」という文化のなかで育ったが、戦地に行きその間違いを知った。

　平和とは、分断ではなく、みなが助け合い、持続可能な生活を目指すことであり、そのうえで日本の憲法9条は世界が学ぶべきものだ。

　日本の国のリーダーの動向に注意を向けてほしい。彼らには、みなさんの気持ちを操作し、他国への憎しみを生み出し、他国にある資源を争奪しようという思惑が根底にあると思う。米国でも国民の恐怖心を煽って、戦争へ導いている。私も「大量破壊兵器」「テロリスト」という恐怖心を煽られ、戦争へ駆り立てられた。現在では「核兵器」という単語をキーワードにして、国民を動員しようとしている。

マイク・ヘインズ氏（イラク戦争に従軍）

　戦争に踏み込めば南スーダンで終わるわけがない。「アフガンだけ」といって軍を派遣し、すでにアフリカ49カ国に戦禍が広がった米国を見ればわかる。雪だるま式に戦費が拡大し、国内のインフラ整備、社会福祉など一般予算がどんどん削られ、軍事費だけが拡大していく。

　私たちは逆に、社会インフラがまともに機能し、豊かな日本から学びたいと思っている。日本で憲法を守り、戦争阻止を求める運動の広がりは、米国民を刺激し、同じような動きが生まれるだろう。

ローリー・ファニング氏（アフガン戦争・イラク戦争ともに従軍）

コラム

9条と24条、
そして家庭教育支援法案

明日の自由を守る若手弁護士の会
（あすわか）
橋本智子 Hashimoto Tomoko

　みなさん、憲法24条ってご存じですか？

　私たちは誰と結婚してもいい。誰がどんなに反対しようとも、本人たちさえ合意するのなら、駆け落ちしたって婚姻届は必ず受け付けられる。夫婦は対等なパートナー。家庭の中でも、ひとりひとりの人格が、生き方が、尊重される。24条は、こういうことを宣言しています。

　そんなのあたりまえ！　って、思われるかもしれませんね。でも、それがぜんぜんあたりまえでなかった時代が、つい70年くらい前まであったということも、おじいさんおばあさんからお聞きになったことはありませんか？

　ある日突然、親が写真を持ってきて「この人と結婚しなさい」と言えば、イヤとは言えない。いつの間にか決められた結婚式の日に初めてその写真の人に会い、そのまま一緒に暮らし始める。こんな結婚が、当時はあたりまえだったんですよね。恋愛結婚なんてほとんどありえなくて、好きな人と結婚したくても、「家長」の許しがなければ結婚できなかったんです。

　そしてその時代、女性は小さいころから、こう言われて育ちました。「女は父に従え、嫁いでは夫に従え、老いては子（長男）に従え」と。

【第24条】　1　婚姻は、両性の合意のみに基いて成立し、夫婦が同等の権利を有することを基本として、相互の協力により、維持されなければならない。
　2　配偶者の選択、財産権、相続、住居の選定、離婚並びに婚姻及び家族に関するその他の事項に関しては、法律は、個人の尊厳と両性の本質的平等に立脚して、制定されなければならない。

当時、人々を支配していたのは「家制度」でした。「家長」をリーダー（というよりも、家の中での絶対権力者）とする「家」という単位に個々人は押し込められ、ひとりひとりがそれぞれの考え方をもち、自立した個人として生きることは許されませんでした。

こんな理不尽な制度はもうダメ！家庭の中でもひとりひとりの人格が、生き方が、大切にされなければならない、というのが憲法24条です。

もともと、憲法の根っこにあるのは、「ひとりひとりが大切。それぞれがそれぞれの幸せを追い求めながら生きていく権利がある」という13条の考え方。家庭の中でもそれは同じことですよ、というのが24条なのです。

だからこそ、というべきでしょうか、実はこの24条は、9条と並んで、いわゆる「改憲勢力」が何十年来、虎視眈々と狙い続けてきた改憲テーマでもあるんです。「24条は行き過ぎた個人主義だ。わがままな女性の身勝手で離婚する夫婦が増えて、"家族の絆"が弱まったのは24条のせい」なんですって！

2012年に発表された自民党改憲草案では、「家族は、社会の自然かつ基礎的な単位として、尊重される。家族は、互いに助け合わなければならない。」という規定の追加が提案されています。

家族が助け合うのなんかあたりまえ…じゃないの？　って、思いますか？
でもこういう規定が「憲法に」あることの意味って、こういうことですよ。
「介護？　保育？　生活保護？　自分の親くらい自分で面倒みなさいよ、自分で産んだ子でしょ自分で世話しなさいよ、家族が生活に困ってるなら助けなさいよ、国や社会に頼るんじゃないよ！」

そもそも「社会の自然かつ基礎的な単位」は「個人」、ですよね（13条）。これを、「家族」単位にしてしまおうという提案です。

そう、「家制度」に逆戻りの発想です。

「家」の集合体が国家である、日本の国は天皇を「家長」とする大きな家族である、というのが「家制度」です。この「家制度」のもと、戦争中はたとえばこんなことが政府から説かれました。「家

齊いて国治まる、国家活動の基礎は家庭の整備にあることは古今の通則なり」。

これは1942年5月、当時の文部省が出した「戦時家庭教育指導要項」という、今で言う通達にある言葉です。ここでは家庭教育の中核は「皇国の重責を負荷するに足る健全有為なる子女を育成薫陶」にあるとして、「大東亜戦争完遂のため」に、あるべき「家庭教育」を、とりわけ母親の責任と役割を、細々とくどくどと説いています。具体的には、「皇国民の信念」やら剛健な精神やらを養え、純粋な情操を育成しろ、良い習慣を修得させろ、身体を鍛えさせろ、等々。

そして翌年度には、文部省は「家庭教育対策事業」として地域の学校などに「母親学級」を開設し、母親たちが相携えて「学び」かつ「行ずる」ことを奨励したのでした。

さて、「家族の絆」をやたらと強調したがる最近の政府。
「家庭教育支援法案」という法案がここ数年かけて、自民党内で練られています（2018年3月現在、まだ国会に提出されていません）。「支援」というと、いろんな事情で家庭学習が十分にできない子どもたちへの学習支援や経済的支援などを思い浮かべるかもしれませんが、全く違います。

法律で、あるべき「家庭教育」のありかたを規定し、親などの保護者に対して、「家庭では子どもたちにこういう教育をするように努力しなさい」というものです。具体的には、生活のために必要な習慣を身に付けさせろ、自立心を育成し、心身の調和のとれた発達を図るようにしろ、等々。

そして国や自治体に対しては、親に対する情報提供などそのための学習の機会を設けるようにしなさい、ということを細々と決めています。

国が親に対して「子どもにこれこれこういう教育をせよ」と命じ、そのために親が学ぶ場や機会を提供する。「戦時家庭教育指導要項」も「家庭教育支援法案」も、全く同じ構造です。これは、いったい何を意味しているのでしょうか…？

「ファシズム」に共通する14の特徴

明日の自由を守る若手弁護士の会（あすわか）
谷　次郎 Tani Jiro

　ローレンス・ブリット博士というアメリカの政治学者が、2003年に「ファシズムに共通する14の特徴」（原題：“Fascism Anyone? Fourteen Common Characteristics”）という小論を著しました。ブリット博士は、「ファシズム」（ここでは、より広義に独裁体制を指すと思われます）の例として、ナチス・ドイツ、ファシスト・イタリア、スペイン（フランコ）、ポルトガル（サラザール）、ギリシャ（パパドプロス）、チリ（ピノチェト）、インドネシア（スハルト）の7つの政治体制を検討し、共通点として以下の14の特徴があるといいます。その14の特徴とは以下の通りです。

　①強情なナショナリズム、②人権の軽視、③団結のための敵国づくり、④軍事の優先、⑤性差別の横行、⑥マス・メディアのコントロール、⑦国家の治安に対する執着、⑧宗教と政治の癒着、⑨企業の保護、⑩労働者の抑圧、⑪学問と芸術の軽視、⑫犯罪の厳罰化への執着、⑬身びいきの横行と腐敗、⑭不正な選挙

　ブリット博士がこの小論を著した理由としては、「ファシズム」との対比で、2003年当時のブッシュ政権下のアメリカの状況に警鐘を鳴らすということがありました。

　ひるがえって、昨今の日本における状況と対比すると、ナショナリズムや隣国に対する憎悪があおられたり、特定秘密保護法が制定されたり、規制緩和で企業は厚遇される一方で「働き方改革」と称して労働者の権利を侵害する方向が打ち出されたり、政治家に近い人が優遇されたのでは、というようなことが起こったり、などなど、先に書いた特徴と共通するようなことが多いように思います。そういうことを考えると、何か空恐ろしくなりませんか？

第3章

平和に生きるために考える「戦争」と「憲法」

柳澤協二 Yanagisawa Kyoji
元内閣官房副長官補

 ミサイルと地震は違う

　去年（2017年）は、北朝鮮のニュースでもちきりでした。「北朝鮮がまたミサイルを撃った、核実験をした、今度はいつやるのだろう」と。日本では、ミサイルが飛んできたときにそなえて、頑丈な建物に逃げ込むような訓練が行われています。多分そんなことはないだろうと思いながらも、万一あったら大変だから、訓練だけはしておこうということでしょう。でも、そういうことを繰り返していくうちに、ミサイルを撃つ国は悪い国だから、やっつけてしまえばいいのに、という気持ちになっていきます。やはり、不安なまま暮らすのはいやなのですね。

日本は、地震や台風など自然災害が多い国です。万一のときにそなえて身を守る訓練をしておくのは当たり前だと思います。しかし、地震とミサイルには、大きな違いがあります。地震は、いつ来るかわからないけれど、いつか必ず来ます。ミサイルは、自然災害ではありませんから、誰かが、何かの目的をもって撃ってきます。つまりそれは、戦争です。だから、いつか必ず来るものではなく、理由があって来るものなので、理由をなくせば来ないようにできるのです。

　北朝鮮がミサイルを撃ってくるかも知れない不安は、多くの人が感じています。不安というのは、いつ来るかわからないから不安なので、「こうすれば来ない」ということがわかれば、不安は解消するはずです。その道筋がわからないまま不安が高まると、やがて人は、不安から逃れるために単純な答えを見つけて納得しようとしたり、もっともらしい予言に惑わされたりすることにもなります。

「やられる前にやっつける」とは、どういうことか

　例えば、「ミサイルを撃たれる前にやっつけてしまえ」と言うのは、一見もっともらしい答えですが、それは、こちらが何でもできて、相手が何もしてこない場合に初めてできることです。しかし、ミサイルを撃ってくるほどの国が、やられるまで何もしないということはありません。必ず反撃してきます。やっつけようとしたとたんに、こちら

にもミサイルが飛んでくるでしょう。

　仮に、相手のスキをついてやっつけることができたとしても、それで終わりではありません。相手は、今度こそこちらをやっつけてやろうとして、もっと恐ろしい敵になっていくわけですね。それを、戦争の相互作用と言います。どちらがいいか悪いかは別として、1の力で攻撃すれば、相手は2の力で返してくる。こちらは3の力を使うようになる、相手はさらに…といったことで、梯子を上るように拡大していく。そして、最後に核兵器を撃ち合うことになれば、どちらも生き残れない。戦争というのは、いったん始めれば、止めるほうが難しい。だから、相手をやっつけることが不安を解消する答えにならないのです。

 ## 新兵器でミサイルを防げるのか？

　やはり、ミサイルを撃つ、つまり戦争になる理由を突き止めなければなりません。ところが、いまニュースになっていることといえば、飛んできたミサイルを撃ち落とすための新しい兵器（イージス艦から発射する新型の迎撃ミサイルや、これを地上から撃てるようにするイージス・アショアなど）や、ジェット機のように飛んで遠くの敵をやっつけることができる巡航ミサイルを持つということで、新兵器を買ってくる話ばかりが出てきています。

　こうした新兵器で、ミサイルを防ぐことはできるのでしょうか。ミサイルをミサイルで撃ち落とすのは、鉄砲の弾を鉄砲で撃ち落とすよ

うなものですから、もと
もと簡単なことではあり
ません。こちらの技術が
進歩しても、相手も同
時にたくさんのミサイル
撃ったりして、容易に落
とされないような撃ち方
をしてきます。

　それでは、ミサイルを発射する前にその発射台を地上で破壊すれば
いい、という考え方もあります。しかしミサイルは、トレーラーに積
まれて動き回るわけですから、全てを見つけて破壊することは不可能
だと言われています。

抑止力という考え方

　そこで、ミサイルを撃ってきたらやり返す、報復して相手をやっつ
けるぞと言って脅す必要がある、ということになります。これが、い
わゆる「抑止力」という発想です。抑止というのは、「倍返し」する
力を見せつけることで、相手が恐れて戦争しないようにすることです。
はたして、これで平和になるのでしょうか。

　2017年2月の国会で安倍晋三総理大臣は、「北朝鮮がミサイルを発
射したとき、ともに防衛するのはアメリカだけだ。残念ながら撃ち漏

らしたときに報復するのもアメリカしかいない。それが確実だと相手にわからせなければならない。」という意味のことを言っています。これが、「倍返し」の抑止力の考え方です。

　たしかに、日本を攻撃したらアメリカの仕返しによって滅ぼされてしまうことをわかっていながら北朝鮮が日本を攻撃することはなさそうに思えます。しかし、それは本当に確かなのでしょうか。それは実は、アメリカと北朝鮮の意志に関わることなので、両方に聞いてみないことにはわかりません。そこで、論理的に考える検証の作業が欠かせません。それが、国の安全に責任を持つということでしょう。

ミサイルを持つ理由を考える

　北朝鮮が核やミサイルを作る目的は、アメリカに届くミサイルを持つことによって、アメリカが自分を攻撃できないようにすることです。アメリカが自分を滅ぼそうとしたら、アメリカのどこかの都市を破壊してやる、それでもいいのかという脅しですね。そうするとアメリカは、自分の国民を危険にさらしてまで日本の仇を討つために報復攻撃をすることが確かだと言えるのか、わかりません。

　一方の北朝鮮はどう考えるでしょうか。アメリカに報復されても生き残ると思うかもしれません。あるいは、今やらなければやられてしまうと思うかもしれません。そのとき、倍返しの脅しはきかないことになります。だから、「アメリカの抑止力に頼っていれば安心だ」とい

うわけにはいかないのです。

　安倍総理大臣が言っている論理の中でもっと大変なことは、アメリカが報復するのは「ミサイルを撃ち漏らした時」ですから、日本に落ちているということです。そこに核弾頭が積まれていたら、報復するといっても、日本が廃墟になったあとではいかなる意味があるのでしょうか。

　そこまで考えれば、ミサイルの不安に対する答えは、撃ち落とすことでも報復することでもなく、「ミサイルが飛んでこないようにする」こと以外にはないことがわかります。だから、ミサイルが飛んでくる理由を考え、それをなくすにはどうすればいいかを考えなければならないのです。

ミサイルが飛んでこないようにする

　北朝鮮が日本に向けてミサイルを撃ってくるとしたら、その理由は何なのでしょうか。日本と北朝鮮は、国同士の正式な付き合いはありません。日本にとっては、北朝鮮によって拉致された被害者を取り返さなければならないという課題がありますが、それは、戦争では解決できません。北朝鮮が日本を占領しようと考える、あるいは訳もなく破壊したくなる理由も見当たりません。

　それでも北朝鮮は、たびたび「ハワイもグアムも横須賀も佐世保も嘉手納も、我々のミサイルの射程にある」という挑発的な言い方をしています。これらの地名は、すべてアメリカ軍の基地があるところで

す。つまり北朝鮮は、自分を攻撃するかもしれないアメリカ軍がいるところを標的にするというわけです。なぜかと言えば、それが北朝鮮にとって一番怖いからです。戦争は、多くの場合、自分がやられてしまう恐怖を引き金にして起こります。恐怖の背景には、相手が自分を滅ぼそうとしているのではないか、という不信感があります。過去にアメリカ・韓国と戦争し、現在も「休戦」状態にすぎないわけですから、北朝鮮はそう感じるのです。

　もちろん、北朝鮮に同情するわけではありません。自分が恐怖を持っているからと言って、ミサイルや核兵器を作って周りの国に不安を与えるのは、かえって周りの国を敵に回してますます孤立していくことになるので、その国にとってもよくないことです。それは、北朝鮮に限らず、日本が、北朝鮮が怖いからと言って核を持とうとしても同じことです。

　さて、北朝鮮がミサイルを撃つ理由が、実は日本を滅ぼしたいからではなく、アメリカにやられることを恐れているからだ、ということがわかりました。そうだとすると、ミサイルが飛んでこないようにするためにどうすればいいのかが見えてきます。それは、アメリカ軍がいたとしても北朝鮮が恐れなくてもいいような関係を、アメリカと北朝鮮の間で作ってもらうことです。

アメリカ軍とはどういう存在か

　もちろん、アメリカ軍が日本からいなくなれば、そのために攻撃する理由はなくなります。しかし、「アメリカが日本の敵を討つために報復しないとしても、自国の軍隊がやられるのを黙って見ていることはない。だから日本にいてもらった方がいい」という考え方もあって、そう簡単ではありません。どちらにしても、日本からアメリカ軍が攻撃する場合にも、アメリカ軍の基地が攻撃される場合にも、アメリカの戦争に日本が巻き込まれることに変わりはありません。アメリカ軍基地の存在は、そういう危険と隣り合わせなのですから、基地を一日も早く返してもらうようにしたいものです。

それでも北朝鮮を信用できるのか？

　北朝鮮がなぜミサイルを撃ってくるのかを考えてきました。しかし、不安や恐怖は、なかなか理性的・論理的な答えを受け付けないものです。「そんな理屈を考えているうちに、ミサイルが飛んで来たらどうするのか」と心配する人もいるかもしれません。
　しかし、戦争というものは、始めるほうにも覚悟がいるものです。相手の反撃によって自分にも被害が出ることですし、世界中の非難を浴びて立ち直れなくなるかもしれません。それでも戦争するのであれば、もっともらしい理由が必ず必要になります。

一番もっともらしい理由は何かと言えば、「やらなければやられてしまう」という自衛の論理です。これまで、どの国もそう言って戦争を始めてきました。これは、北朝鮮を信用するかどうかではなく、戦争を始めるために必ず通らなければならない関門なのです。
　戦後世界の中で一番たくさん戦争をしているアメリカだって、共産主義からアジアを守るという名目でベトナム戦争を始めました。相手の大量破壊兵器が使われてからでは手遅れだという理由でイラク戦争を戦っています。
　北朝鮮だって同じことです。日本人は北朝鮮のことを怖いと感じていますが、北朝鮮がアメリカに感じる恐怖感は、その何倍もあるでしょう。だからこそ、相手に戦争の理由付けを与えないように、敵対的な行動や勇ましい言動を、わけもなく連発してはいけないのです。

抑止力は強いほどいいのか？

　最近は、抑止力という言葉をよく耳にします。「北朝鮮が日本にミサイルを撃ってくるのを防ぐには、抑止力が必要だ」ということで、アメリカ軍と自衛隊との共同訓練も、新しい兵器の購入も、すべて抑止力という言葉で説明されています。
　抑止力とは何か、そして、それは平和とどのような関係があるのかを考えていましょう。
　国と国の間には意見の対立があります。相手の意志を変えたいとき

に、国同士で交渉するのですが、どうしても相手が意志を変えないときにはどうするのでしょうか。我慢するか、無理やり変えさせるかのどちらかです。我慢できずに無理やり変えさせようとして武力を使えば、それが戦争です。戦争とは、国家が暴力を使って自分の意志を相手に強制する行為のことです。

相手が戦争しようとするのであれば、相手よりも強い力を持つことによって戦争を思いとどまらせようとするのが「抑止」という政策です。その裏付けとなる軍隊や、一緒に戦う同盟国の力が抑止力です。それは、強ければ強いほどいいのかもしれませんが、あまり強すぎれば相手に恐怖を与えて先に攻撃するきっかけを作ってしまいます。また、軍隊や兵器を持つためには莫大なお金もかかります。ほしいだけ軍隊を持とうとすれば、やがて国の財政が破たんしてしまうかもしれません。だから、強いほどいいというものでもない。

戦争がなければ平和と言えるのか？

しかし、そもそもなぜ抑止力が必要かといえば、そこに交渉では解決できないような国同士の対立があるからです。だから抑止力が必要になる。こちらが力を持って抑止しようとすれば、相手も軍備をもっと強くして力をつけようとする。その強くなった相手を抑止しようとすれば、こちらもさらに強くならなくてはいけない、ということになってしまいます。これを「安全保障のジレンマ」と言います。

こうした相手との競争の中で、国民は平和を実感できるのでしょうか。少なくとも、相手より強い軍備を持ち続けない限り、安心はできません。

　問題は国民が、それでも結果として戦争が起きていない限り平和で、よかったと考えるのかどうかということです。本来の意味の平和というのは、戦争になるかもしれないという不安、恐怖から解放された状態、およそ戦争のことなんか心配しなくてもいい状態のことではないでしょうか。それには戦争のもとになる対立をなくしていかなければなりません。今の政府のやり方を見ていると、力づくで抑止することには熱心ですが、もとになる対立をどう解決しようとしているのかが全く見えません。

　2015年に作られた「安全保障法制」について、「戦争法」と言う人もいますが、政府は、アメリカと一緒に戦えるようにすることで抑止力が高まって平和になる、だから「平和・安全法制」だと言っています。これは、戦争のもとになる対立を何とかなくそうとするのではなく、対立があるから力で抑え込んでおけば戦争にならないはずだ。だから平和だ、という考え方の表れだと思います。

　しかし、それは本当の平和でもなければ、安全でもありません。そういう平和を国民が望んでいるのでしょうか。

中国とどう付き合うか

　抑止力といえば、中国が強い大国となって、自分の主張を力で押し付けようとしてくるのではないか、という不安もあります。そのためにやはり抑止力が必要なのだと。

　日中平和友好条約締結から今年で40年になります。40年前の中国を脅威と感じる人はいませんでした。当時の中国は貧しく、日本は、過去の戦争で被害を与えたお詫びの気持ちもあって、中国に多くの援助をしてきました。日本は豊かで進んだ国として、素直な気持ちで付き合うことができたのだと思います。

　しかし、今は違います。中国は驚異的な経済成長を成し遂げ、今やアメリカに次ぐ世界第2の経済大国、軍事大国になっています。日中の力関係は逆転し、その差はますます広がっていくようです。その中国が沖縄周辺で海軍の演習をすれば、日本にとって気持ちのいいものではありません。

　もし仮に中国が島を獲りに来たとき、日本単独ではとてもかないそうにありません。そこで、中国の脅威に対抗するためにアメリカの力が必要だ、という発想になります。しかしここでも、力の論理だけでいいのか、考えなければなりません。力は、どこかで追いつき、追い越されるかもしれません。

　「脅威」というとき、それは、戦争をする能力を持った相手が、日本に戦争をしかける意図を持つことで現実のものとなります。中国の「能

力」は、年々拡大しています。これと同等以上の力を持とうとすれば、どこかで破たんするでしょう。問題は中国の意図がどこにあるかということです。

　中国の自信に満ちた自己主張を聞けば、その欲望には際限がないようにも思われます。何をするかわからないということになる。しかし、アメリカが万能でないように、中国も万能ではありません。大国として振る舞いたければ周辺国が納得するやり方をしなければ、やがて抵抗にあって自らを苦しめることになる。

　中国は、自らの権益がアメリカに邪魔されることを恐れ、最強といわれるアメリカ軍の行動を制約するようなハイテク兵器の開発に力を入れています。中国の軍拡の狙いは、日本や東南アジアではなく、アメリカです。

　しかし、アメリカも中国も、本気で戦争するつもりはないようです。これまでも、現場で軍隊同士の衝突が起きても、拡大させずに外交で解決してきました。お互いに核兵器を持った大国ですから、本気の戦争に拡大することを恐れているのです。

　だから、尖閣のような島をめぐる紛争に、アメリカがどこまで本気で介入してくるのかわかりません。島は、日本にとっては重要な主権の問題ですが、アメリカ本土の主権や安全に関わることではありませんから、核戦争の危険を冒すような介入はしないと思います。

　日本の立場で言えば、島の領有は自らの問題ですから、他国の力に

頼るのではなく、自国で解決しなければなりません。軍事でかなわなければ、政治が解決する以外にありません。今日の尖閣をめぐる緊張も、もとはといえば民主党政権時に中国の反対を押し切って島を国有化したことから始まっています。そして何より、アメリカが中国と戦うことになれば、米軍の拠点である日本が無事では済まないことを認識しなければなりません。

お互いに譲れない主権という「名誉」の対立に、軍事的な解決は、ありえないのです。

今日、アジアの秩序をめぐって、アメリカと中国が対立しています。それは、経済のルールをめぐる対立であり、政治的な支持の獲得合戦であり、そして、海洋における海軍同士のにらみ合いという形をとっています。やがて、米中の間に、「どの程度ならお互いに許せるか」という相場観が形成されると思いますが、それが見えない現時点では、心配は尽きません。

今は、予期せぬ軍事衝突が起きないように注意しながら、「アメリカでも中国でも、大国の勝手は許されない」というアジア諸国の共通認識を作り上げるときです。その分野にこそ、日本の役割があるのだと思います。

アメリカと手を組めば平和になるのか

それにしても、世界は大変な状態になっていますね。日本では、北

朝鮮や中国の話ばかりに注目していますが、中東でもアフリカでも、戦争で多くの人々が犠牲になり、家を追われて避難生活を強いられています。ヨーロッパでは、中東などから避難してくる人々の受け入れを拒んだり、宗教が違う人々を差別する傾向が高まり、これに反発する形でテロがたびたび起きています。

　国家や宗教などでまとまった集団が、自分と違うものを暴力によって排除するのは、戦争です。国家の場合、排除の論理はナショナリズムという形をとります。人も国も、もともと違うものですから、違いを受け入れて共存すれば戦争にはなりません。違いを受け入れず、相手を暴力で否定しようとすれば、暴力が暴力を生み出す泥沼の戦争になります。

　アメリカのトランプ大統領は、国内では人種差別的な言動を繰り返し、世界に向かってはアメリカ第一ということで、自分に有利な経済ルールを要求し、気に入らない相手には武力をちらつかせて「言うことを聞け」と迫っています。こうした排除と分断、そして考えの違う

者には武力で恐怖を与えるやり方を続けていくならば、それを「抑止力」と呼ぼうが何と呼ぼうが、世界が平和になることはありません。

　政府は、「日米が一体化することで抑止力が高まる」という方針で安保法制を成立させ、自衛隊が海外で活動する幅を大きく広げましたが、一体化するアメリカの考え方そのものが平和よりも争いを強めるものですから、これで世界が平和になることも日本が安全になることもあり得ません。

戦争はどうやって起きるか

　戦争とはどういうものか、もういちど整理します。戦争とは、国家、あるいは国家でなくても、最近では宗教や部族などによって形作られた集団が国家並みの武力をもっていますから、こうした共同体が、自らの意志を暴力によって相手に押し付けようとする行為、それが戦争です。

　その背景には、国家や集団同士の対立があります。その対立は、利益をめぐるものであったり、名誉をめぐるものだったりするのですが、貧富の格差が広がってしかも固定している今日の社会では、自分が認められない不満がいろいろな形でたまっていきます。人は、人に認められることによって自分の存在を確認し、生きがいを感じるものです。格差社会は、みんなが等しく認められることがない、生きがいを感じられない社会です。他人より貧しいことを我慢できても、自分の存在

が認められないことに耐えられる人はいません。

　手っ取り早いやり方は、自分とは違う他者に対して「あいつとは違う」という形で自分の存在を肯定するやり方です。やがて、「自分のほうが優れているのにそれを認めないあいつは許せない」という理由で、相手を否定します。国としてそういう考え方をとれば、狭い排他的なナショナリズムになります。自分の国が大事だという感情が、自分の国と意見が違う国に対する憎しみにかわります。

　そして、人は、自分が描くイメージによって相手を理解しますから、相手も自分を憎んでいると感じます。そういう憎しみが広がったところでどちらかが武力を強化すれば、相手は自分を攻撃しようとしていると受け取ります。戦争の引き金となるのは、多くの場合、やらなければやられてしまうという恐怖です。国は、そうやって戦争に入っていきます。

戦争をだれが止めるのか

　相手が戦争をしかけてくるという恐怖に対しては、だれでも団結して守らなければという思いになります。だから、戦争するためには国民に恐怖をうえつけ、感情を高めなければなりません。逆に、戦争をしないためには国民の恐怖をやわらげ感情をしずめなければなりません。そこに、戦争に対する政治やマスコミの役割があります。政治やマスコミがどちらの役割を果たそうとするのか、恐怖をあおるのか和

らげるのか、ここに大きな分かれ道があります。

　戦争は、だれでもいやに決まっている。だから、選挙で政治を選ぶ民主主義の下では戦争なんかかんたんにできるわけがない、と思うかもしれません。しかし、戦争が怖いという訴えは強力です。政治が恐怖を訴えれば選挙民の支持が上がります。9.11のニューヨークのテロを受けて、ブッシュ大統領が「これは戦争だ」と叫んだとき、大統領への支持はうなぎのぼりに上がりました。その支持を背景に、アメリカはイラク戦争を始めていきました。

　一方、戦争してはいけない、相手にもいろいろな事情があるのだから、我慢して話し合おうと訴える政治家がいれば、選挙で勝てないかもしれません。そこに、民主主義の難しさがあります。

　だから、決め手はやはり国民です。国民が何を信じて、どういう政治を望むかによって戦争になるかならないかが決まってきます。そのためには、一時の感情に流されずに物事を見きわめる知恵が必要になります。

人として考える戦争

　戦争は、国家や集団の行為ですが、実際に戦場に行くのは人間です。そこにはいろいろな悩みや苦しみが生まれます。人は、見ず知らずの相手を簡単に殺せるものではありません。そこに罪の意識があったら、引き金は引けません。迷わず引き金を引くためには、ひとまず人間で

あることを止めなければなりません。それが戦場です。戦争から戻った多くの兵士が普通の社会に戻れないほどの心の傷を持つのは当然です。

　そして、誰でも死ぬのは怖い。死んでもいいと思わなければ戦場には行けません。命を犠牲にするのは、一人の人間にとってこれ以上ない自分の否定です。だから、自分が死ぬことによって多くの人が救われるとか、国を救うことができるといった考えがなければ、人は命を犠牲にすることはできません。問題は、その犠牲の意味をだれが決めるのかということです。

　昔の日本では、国家のために死んだ兵士は、英霊として神社にまつられました。今の日本に、そういう国家が決めた仕組みはありません。戦死は、今の日本では想定されていないのです。

　戦場は、だれも好んでいくものではありません。日本の場合、それは自衛隊の仕事になるわけですが、自衛隊員も戦場に行きたいわけではありません。では、自衛隊員ではない国民にとって戦争は他人事なのでしょうか。

　自分が戦場に行く心配のない人が、他人に「行け」というのは、正しいことなのでしょうか。行けと言われた人が犠牲になったとき、あるいは心の傷を負って帰ってきた

とき、その犠牲や傷に寄り添って痛みを共有することができるのでしょうか。寄り添うということは、慰めの言葉をかけることではありません。できれば自分がかわって犠牲になってもいい、傷ついた人生を送ってもいいと思うことです。

　私には、その覚悟はありません。だから、誰も戦場に行ってほしくないと思っている。それは、臆病かもしれません。しかし、自分が寄り添えない犠牲を他人にやらせるのは、卑怯だと思います。人は、万能ではありません。どちらか選ぶのであれば、卑怯よりも臆病であることを選びたいと思います。

　国民が主権者、つまり国の主として背負っている戦争の選択は、それくらい重いのです。なぜなら、人の命と人格は、最も重いものだからです。

憲法と国防・「専守防衛」という戦略

　憲法を守って、国を守らなくていいのかという言い方をする人もいます。しかし、これはおかしいと思います。憲法は、国の在り方を表しています。つまり、守るべき国そのものを表しているのではないでしょうか。今の憲法に従えば、それは、国民が国の主人公で、一人一人の国民が個人として尊重される国であり、国同士の争いを武力によって解決しない国ということです。国を守るということは、そういう国の姿を守るということにほかなりません。

その次に、では、他国が攻めてきたときにどうやって守るのか、という課題が出てきます。日本は、攻められたときに限って武力を使う「専守防衛」の自衛隊を持ってきました。それがそもそも憲法違反だという人もいます。憲法は、一切の武装を禁止しているのではないか、ということです。

　しかし、現実には、世界の国は善意だけで動いているわけではありません。仮に日本が全く無防備であれば、善意の国だって悪さをしてもかまわないという誘惑にかられてしまうかもしれない。ほかの国にそういう誘惑を与えないようにするのも世界に対する責任ではないか、という考えも成り立ちます。しかし、それ以上のことを考えてはいけない。そこに「専守防衛」という「守り方」の特徴があります。

　憲法前文には、「平和を愛する諸国民の公正と信義に信頼して自らの生存を保持する」決意が述べられています。「相手に善意がなくても、自分は善意をもって答えることが自分の生き方だ」という理念です。そこから、攻撃をはね返しても致命傷を与えるような攻撃はしない守り方が浮かんできます。

　しかし、それは簡単なことではありません。専守防衛とは、もっぱら守ることしかしないということですから、それでは戦争に勝てないという声もあります。つまり、守るばかりではなく攻めなければ相手は屈服しないので、戦争には勝てないというわけです。

　戦争とは、国家が暴力を使って意志を押し付けようとする行為でした。戦争に勝つということは、こちらの意志を相手に押し付けること

です。そのためには、相手の軍隊を全滅させるか、相手の政府をなくすような致命傷を与えなければなりません。

　しかし、こちらが相手の国を倒すことができる力を持てば、相手はそれを恐れてもっと強くなるし、場合によっては先に攻撃を仕掛けようとするでしょう。だから、専守防衛というのは、そういう戦争に勝つ力を持たないことで、相手が必要以上に警戒したり、攻撃を仕掛ける必要がないようにする、そういうやり方、つまり戦略なのですね。

　これには、二つの内容があります。一つは、他国の領土の奥まで届くようなミサイルなどの武器をもって脅威を与えない、ということです。政府が新たにアメリカから買ってこようとしている「長距離巡航ミサイル」などは、持ってはいけない武器です。政府は、それでも専守防衛だと言っていますが、専守防衛とは、相手がどう受け止めるかに注目した考え方なので、自分が先制攻撃しないと思っているから専守防衛であることにはならないのです。

　もう一つは、他国の戦争に巻き込まれないようにすることです。先に、北朝鮮のミサイルが日本に飛んでくるのは、アメリカと北朝鮮の戦争の結果であることを見てきました。こういう戦争になるような両国の対立をあおらないことはもとより、北朝鮮を攻撃しようとするアメリカ軍の爆撃機を自衛隊が守るような行動も慎まなければなりません。アメリカと一体化すれば安全になるのではなく、相手は、日本もアメリカと同じ敵だと考えてしまうからです。

　それでは不十分な武力しか持てないではないか、ということになり

ます。その通りです。だから、武力が不十分であるところを、政治が、敵対関係をやわらげることによって補わなければならないのです。

国同士の対立がある中で、相手を説得する政治と相手を屈服させる戦争は、つながっています。その目的が対立をなくす、ということでは共通しているのです。政治が足りないところを軍事で補おうとすれば、力の競争に際限がありません。軍事でやれることには限界がありますが、政治の可能性に限界はありません。

専守防衛とは、軍事は不足しても政治ががんばることによって、戦争の動機をなくす戦略なのです。

国民は、どういう自衛隊を望むのか

安倍総理大臣は、いまや90％を超える国民が自衛隊を支持しているのだから、これを憲法ではっきりさせてやらなければ、頑張っている自衛隊がかわいそうだ。また、自衛隊の根拠を憲法に書いても、「軍隊を持たない、交戦権は認めない」という今の9条の条文を残すのだから、自衛隊がやることは全く変わらないので、何の心配もいらない、と言っています。

確かに、多くの国民は、自衛隊を支持し、災害のときに助けてくれることには感謝をしています。しかし、自衛隊のやることは何も変わらないというのは本当でしょうか。2015年の安保法制で、自衛隊は今までできなかったアメリカを守る集団的自衛権や、海外で武装勢力と

戦って住民を守るなどの新たな活動ができるように変わりました。すでに南スーダンに派遣された自衛隊にはPKO要員を守る任務が与えられ、北朝鮮に圧力をかけるために日本の近くに来たアメリカ軍の軍艦や爆撃機を守ることも行っています。

こうした新たな活動を行っても、今のところ何も起きていません。しかし、将来にわたってこういうことをやり続ければ、武装勢力と戦ったり、米軍を助けるためによその国の軍隊と戦わなければならないことが予想されます。これは、自衛隊がいままでしてこなかったことなので、明らかに変わっています。

問題は、これまで国民の多くから支持されてきた自衛隊は、どういう自衛隊だったのかということです。国民は、災害の時一所懸命助けてくれる自衛隊を支持し、感謝しています。また、自衛隊が、海外のPKOで現地の役に立つ道路整備などの仕事をすることについても、多くの国民が理解しています。

こうした海外の活動については、初めのころには戦争をすることになるのではないか、と心配する声もありました。しかし、カンボジアをはじめ、様々な外国に派遣されて活動してきた自衛隊は、これまで一発の弾も撃っていません。その結果、戦争をしに行くのではないということ

が実感され、多くの国民が納得するようになってきたのです。

　国民が支持する自衛隊とは、災害で国民を助け、海外で一発の弾も撃たず、一人の戦死もない、そういう自衛隊なのだと思います。

9条「加憲」で問われていること

　ところが、最近のPKOはカンボジアの頃とは異なり、停戦合意が危うくなった場所へ派遣されるだけでなく、合意を破る存在に対して交戦することも辞さないものになっています。しかも、安保法制では、すでに述べたように武器を使わなければやれない活動が出てきました。これをまじめに実行したら、自衛隊が海外でどんどん武器を使う、相手も反撃してくるから、当然犠牲もでてくることになる、そういう自衛隊になってしまうわけです。だから、国民が自衛隊を支持するかどうかが問題ではなく、海外で武器を使う、殺すことも殺されることもある自衛隊を国民が望んでいるのかどうかが問われているのです。

　もう一つ指摘すれば、海外に行った自衛隊がどうやって武器を使うかというと、軍隊として、国の意志で武器を使うのではないのです。国の意志で使ったら、それは武力の行使、つまり戦争になる、それは、9条に反してしまう。だから安保法制では、自衛官個人が、合理的に必要な範囲で武器を使ってもいいという決め方をしています。警察官と同じです。だから、撃って誰かが死んだら、それは、撃たせた国ではなく撃った本人の責任が問われることになってしまいます。

警察官の仕事は犯人逮捕で、殺害ではありません。軍隊の仕事は敵をやっつけることです。武装勢力も、交戦する者という意味では軍隊と同じですから、自衛隊をやっつけに来ます。警察では軍隊にたちうちできません。それは、武器の差というより、武器を使うルールの違いがあるからです。

　そういうことを自衛隊にやらせることが前提であれば、自衛隊を書き込むだけの憲法改正は、あまりにも無責任です。堂々と、「軍隊にします。」と言わなければなりません。しかし、それでは国民が反対するだろうから、軍隊とは言えないのです。

　安倍総理大臣は、「憲法に書いてやらなければ自衛隊がかわいそう」と言いますが、中途半端な書き方をすれば、かえって自衛隊がかわいそうですし、「軍隊にする」と言えば、国民がかわいそう、ということです。

　だから、問題は、やはり国民が何を、どんな自衛隊を望んでいるかどうかということになるのですね。

　自衛隊は、危険な仕事をしなければなりません。なぜそれができるかと言えば、スーパーマンだからではなく、国民がその仕事の意味を理解し、「国民に代わってやってくれ」という気持ちで応援するからです。「総理大臣の命令だから仕方がない」ということではないのです。国民の側には、自衛隊に本当は何をやらせたいのか、主権者として考えなければいけない責任があると思います。

コラム

私たちが今知るべき戦争のリアル

明日の自由を守る若手弁護士の会
（あすわか）
武井由起子
Takei Yukiko

ベテランズ（元兵士）たちとの出会い

　最近よく聞かれる「日本の周辺情勢が変化する中で憲法も変えるべきではないか？」という問いかけに対し、憲法学だけではスッキリした答えが出ないと感じていた頃、アメリカの元兵士たちの平和活動『ベテランズ・フォー・ピース』と出会いました。

　まず、イラクやアフガンで特殊部隊にいた彼らが、とても優しいチャーミングな人たちであったことに驚きました。日本では出会うことのない兵士が、むしろ「良き人」であったことがショックでした。

　そして、殺し殺される世界に一時期でも身を置いた代償の大きなこと。仮に、身体的なダメージがなくとも、彼らは深刻なPTSDに苦しみ、鬱になり、ホームレスになったり。全米では帰還兵のPTSDによる自殺者が1日あたり22人と言われています。日本では「攻撃されないように攻撃する」と言われますが、兵士の状況からは、仮に殺す側であっても、心は殺されたものと同じです。

　日本は解釈改憲と安保法制の制定により、新しい任務を負った部隊が南スーダンにも派遣される等、危険な任務が増えていく中で、自衛隊員やその家族にここまでの犠牲を強いることになること、そして、そのような心身を損傷してしまった方やその家族を社会的資源で支えていくことについての議論は殆どされていないのではないでしょうか。

　そんな彼らを日本に招いたところ、

日本では、高速含む鉄道が発達し、駅のトイレには温水便座まであることに驚嘆し、そのようなことは国家予算の7割が戦費となるアメリカでは望むべくもないとのことでした。私たちが当たり前のように利用している福祉や交通インフラも、軍事費増加により維持できなくなってしまうかもしれません。

戦争のリアリティを知るべし

こと最近ではテロとのたたかいと言われますが、アメリカではその作戦を開始して以降、皮肉なことに米軍を狙ったテロは格段に増加しています。つまり、世界一の軍事力を誇る米軍でもテロには勝てないのです。それがリアリティです。その作戦に従事した米兵は、押し入った民家での少女の泣き叫ぶ声が今も耳から離れないと苦しみ、「自分たちこそがテロリスト」だったと言います。そのような攻撃に参加すれば、テロにより報復されることにもなります。

私たち日本では、戦後70年間、戦争からは距離を置いてきていたので、深刻なPTSDの問題や、テロ戦争の実態、経済的なコストなど戦争のリアリティについての認識が欠落しています。なんとなく周辺国が恐いと感じて、これらのコストを引き受ける覚悟のないまま「政府の行為によって再び戦争の惨禍に」引き込まれていくことはあってはならないことです。

そんな今の日本に必要なリアリティをお届けすべく、元自衛官とその理念に共感した市民たちが「ベテランズ・フォー・ピース・ジャパン」を結成し、私も事務局としてお手伝いをさせて頂いています。これまで、朝鮮半島危機につき朝鮮戦争の元兵士や上級外交官などのアメリカのメンバーの知見をふまえた緊急声明やメッセージを発信しています。また、核実験禁止条約の立役者となった小さな帆船 Golden Rule 号を広島に寄港させるプロジェクトを担ったり、世界的な「海外米軍基地反対連合」とも連携しています。これからも、平和を願う世界の人たちと手をつなぐベテランズ・ジャパンの発信にご期待ください。

第4章 ほんとの平和ってなんだろう？

憲法カフェで語ろう
9条・自衛隊・加憲

橋本智子 Hashimoto Tomoko
明日の自由を守る若手弁護士の会（あすわか）

 **外国から攻められたらどうしよう?!**

　せっかくですから、「どこぞの悪い国が攻めてきたらどうするんだ？」という問いに、憲法は何と答えているのか、もうすこし考えてみましょう。

　第1章では政府の考え方をご説明しましたが、これを含めて、考え方は、大きく分けて3通りに整理できると思います。これは非常におおざっぱな整理の仕方で、「正確な議論ではない」と、偉い先生方からはお叱りを受けそうですが、そこは（勝手に）許していただいて、わかりやすさを優先したいと思います。

　まずは、考え方その1。第1章でご紹介した政府の考え方です。

> 憲法9条はあるけれど、もしも、日本が外国から武力攻撃を受けたときには、自分たちを守るための必要最小限の実力（**軍事力**）を用いて反撃することは、許される。

考え方その2は反対に、憲法9条があるのだから、もしも日本が外国から武力攻撃を受けたときにも、軍事力によってこれに反撃することは許されない。憲法9条は一切の武力行使を禁止していて、個別的自衛権すらないのだ、ということを前提に、

> だから、憲法9条は改正して、個別的自衛権だけは、はっきりと認めないといけない。そうでなければ、国民を守ることができないではないか。

個人に「正当防衛」が認められるように、国家にも当然「自分を守る権利」はあるのだから、「個別的自衛権」ははっきりと憲法に規定するべきだ、という主張です。本書の主題である9条「加憲」論は、この考え方に似ているようにみえますが、第2章で説明したように **(19〜21ページ)**、これは「個別的自衛権」だけを前提にした議論ではありません。間違えないように注意してくださいね。

さて、さいごの3つめ。2つめと同じように、9条は一切の武力行

使を禁止しているという考えが前提です。

> 　いかなる場合でも、いかなる理由があっても、武力行使は一切しないというのが9条の宣言だ。これこそが、世界に冠たる平和憲法である所以であり、日本国憲法の真骨頂である。

　日本国憲法は、個別的自衛権すらも放棄しているのだ、という考え方です。
　え？　じゃあ、そのときはただ降参するしかないの？　やられるがまま、日本は滅びるしかないの？　そんな憲法じゃ困る！　…なんて、思ってしまいますね。
　さて、どのように考えたらいいでしょうか？

「平和」を探してみましょう

　第1章でみたように、9条には、その直接の答えは書いてありません。どこか別のところにその手がかりがあるでしょうか。
　憲法を始めから読んでみて、9条以外の場所で、「平和」という言葉を探してみましょう。
　すぐに見つかりましたね。そう、前文の2段落目です。

> 【憲法　前文2項（2段落目）】日本国民は、恒久の平和を念願し、人間相互の関係を支配する崇高な理想を深く自覚するのであって、平和を愛する

諸国民の公正と信義に信頼して、われらの安全と生存を保持しようと決意した。われらは、平和を維持し、専従と隷従、圧迫と偏狭を地上から永遠に除去しようと努めてゐる国際社会において、名誉ある地位を占めたいと思ふ。われらは、全世界の国民が、ひとしく恐怖と欠乏から免れ、平和のうちに生存する権利を有することを確認する。

これもちょっと堅苦しくて、とっつきにくい文章ではありますね。
優しくかみ砕いてみましょう。

　私たちは、世界がいつも、そしていつまでも、平和であることを心から願います。全世界のすべての人々も、私たちと同じように、平和を愛し、平和を願っていると、固く信じています。ですから、私たちの安全なくらしは、これからは、「力」によってではなく、平和を大切に思う世界の人々の心を信頼することによって、守っていこうと決めました。平和とは、戦争がないだけではなく、ひどい政治による支配や差別など、人々を苦しめるすべての暴力のないことです。今、国際社会は、このような本当の平和を実現しようと懸命に努力しています。この国際社会の一員として、堂々と胸を張れるような国民に、私たちはなりたいと思います。
　私たちは、この世界に暮らすひとりひとりの人間は、どんな怖い思いも、どんな辛く苦しい思いもすることなく、安心して暮らす権利をもっていると確信します。

こうして読むとよくおわかりいただけるでしょうか、72年前の日本は、「私たちはこれから、軍事力を用いることなくして、自分たちの安全を守り、平和を維持していくのだ」と宣言したのでした。

この部分は、「一国平和主義」だとか、「いじましい」とか「みっともない」などとさんざん非難されているところです。とんでもなく、見当違いな攻撃といわざるをえません。

憲法は、ただぼんやりと、「あなたの国を信頼しますよ、だから攻めてこないでね」というのではありません。日本はこれから、世界の国々と良い関係を築き、信頼し合える関係を作っていきます、そのために懸命に努力しますと宣言しているのです。信頼し合える関係を積極的に作らなければ、「われらの安全と生存を保持」することはできないのですから。

しかも、「平和を維持し、専従と隷従、圧迫と偏狭を地上から永遠に除去しようと努めている国際社会」において、「名誉ある地位」を占めたいとまで言っています。日本は、「平和を維持し、専従と隷従、圧迫と偏狭を地上から永遠に除去」するために率先して一生懸命に努力するという、これは世界に対する約束です。諸外国との良好な関係、確固たる信頼関係、そして平和構築のための実践。これこそが、平和への正道だ。そのために日本は努力するのだ、これが前文2段落目の宣言なのです。

とてつもなく崇高な理想論と思われるかもしれませんね。現実は、この理想からほど遠いまま。

でも、理想と現実がかけ離れているとき、どちらをどちらに近づけるのが、正しいのでしょうか？

平和のうちに生存する権利

　前文２項の掲げる理想について、もうすこし考えてみましょう。

　「平和のうちに生存する権利」とありますね。ここでいう「平和」って、どんな状態を意味していると思いますか？

　その直前にある、「恐怖と欠乏から免れ」という表現に注目してください。日本国憲法の掲げる「平和」とは、ただ戦争やその恐れさえなくせばいい、なんていう生ぬるい（？）ものではないんです。

　人々に「恐怖と欠乏」をもたらすものは、戦争だけではありません。暴政、弾圧、差別、貧困、飢餓、疫病、テロ、民族紛争などなど。こうした、あらゆる「恐怖」、あらゆる「欠乏」から「免れ」て初めて、人々は安心して安全に暮らすことができる。これが「平和」なのだという考え方を、私たちの憲法は、ここではっきりと示しているのです。

　しかも憲法は、「平和のうちに生存する権利」は、「全世界の国民」の権利であるとまで言っています。つまり日本国民は、全世界の国民が、あらゆる「恐怖と欠乏」から免れて「平和」に暮らせるように一生懸命努力します、と世界中に向けて約束しているのです。国際社会において「名誉ある地位」を占めるのだという宣言は、そういう意味です。

　「一国平和主義」という非難は、曲解です。

「権利」という言葉の意味するもの

「平和のうちに生存する権利」という言葉に関して、もうひとつお気づきでしょうか、「平和主義」ではありませんね。「権利」です。日本国憲法の掲げる平和という理念は、単なる「主義」、いうならば国家の方針あるいはポリシーのようなレベルではなくて、ひとりひとりの人間の「権利」と位置づけられているのです。

ここで憲法の基本に戻りましょう、国民の「権利」とは、国家権力に対する命令でしたね **(7ページ)**。つまり、「平和」とはあくまでも、政治によって実現されなければならないもの、国家権力が国民に対して、その義務を負うものです（こういうことを言うと、そもそも法的な権利とはなんやらかんやらという議論をふっかけてくる法律家も少なくはないのですが、それはここでは措いておきます。憲法に権利と書いてあるんだから権利なのだ、権利は権利だと、それでいいのです。マニアックな議論に関心のある方は、浦部法穂先生の『憲法学教室』（日本評論社）にわかりやすい解説がありますのでそちらをどうぞ）。

平和を「権利」と位置づける考え方、これは後でもお話ししますが **(71ページ)** とても斬新で先進的な考え方なんですよ。こんなことを宣言している憲法を持つ国はいまだに日本くらいなものです。しかも70年以上も昔からずっと。これは、もっと自慢に思っていいことではないでしょうか。

「現実」を考えてみましょう

　以上が、「平和を愛する諸国民の公正と信義に信頼して、われらの安全と生存を保持」するという「決意」の意味するところです。つまり日本国憲法は、「もしも、どこかの悪い国が攻めてきたら困るから、それに軍事力によって備える」という方法による安全保障、そういう「自衛」という手段は選択しない。「どこの国からも攻められないような国になる」という方法によって、「安全と生存を保持」するという選択をしたのです。これが、憲法のもともとの考え方だ、ということが読み取れると思います。

　これを、「非現実的な空想論」だとか、「お花畑」だとか揶揄する人が大勢います。たしかに、これまでの世界の情勢、とりわけ冷戦時代を振り返ってみれば、あまりにもリスキーな選択であったという評価もありうるところでしょう。

　しかし、この冷戦時代を乗り切った今、改めて、冷静に「現実」を考えてみましょう。

●日本地図を改めて頭に描くと…

　日本は南北に細長い、四方八方を海に囲まれた島国です。外国からの侵略に備えて全ての海岸線を守るなんて、それこそ非現実的であることは、どんな素人でもわかりますね。

　だからこそ、明治以降、「欧米列強」に追いつけ追い越せとがんばった時代、「列強による侵略の脅威」に備えるための「本土防衛の生命線」と

して、なにがなんでも必要だったのが、朝鮮半島と、そこから地続きの中国東北部（満州）でした。韓国をむりやり併合し、諸外国との緊張や対立を深めてでも「満州国」を支配下におさめたのは、そのためにほかなりません。

●日本に致命的打撃を与えるのはかんたん

まして、今やその海岸線には何十という超危険施設、「敵国」からみれば格好の攻撃目標が林立しています。そう、原子力発電所ですね。これは「自衛」の問題とは全く別にして、なくしていかなければならないことは明らかですが、そういうコンセンサスすらできるのはいつになることやら。そこから現実に廃炉作業が完了するまでにはまた、気が遠くなるような時間がかかります。

それ以前に、日本は政治や経済の中枢が東京に一極集中していますから、そこを狙われたら……

●食料、資源、絶たれたらおしまいです

いやいや、食糧自給率が低いうえに、天然資源にも乏しい日本です。ミサイルなどという手荒い手段を使うまでもなく、「兵糧攻め」にすれば楽に「陥落」させることができそうですね（それをいうなら原発だって、工作員を何人か送り込んで「電源喪失」させれば充分ですね）。

たとえば、庶民の和食の代表、天ぷらそば一杯の自給率ってご存じですか？　一般的な天ぷらそばをつくるための材料、そば粉やエビなどはもちろん、天ぷらの衣の小麦粉や、揚げ油など、一切がっさいをカロリー

ベースでみると、自給率はわずか22％ともいわれています。私たちの食卓は、外国から輸入された食糧なくしてはなりたたないのです。

歴史で習ったことをここでもまた思い出してみましょう、かつての大日本帝国が「満州国」を手に入れたばかりでなく、「南方」を侵略し、無謀にも、あの悲惨な戦争を引き起こしたのは、それらの土地に眠る潤沢な天然資源を支配下に収めるためでもありました。

● **私たちの国、ほんとうに軍事力で守れますか？**

敗戦後、日本は「本土」の外に、「国防の生命線」や天然資源の供給源を持つことを諦めなくてはなりませんでした。いわば、丸腰の状態になってしまったのです。そういう「現実」のもとにあって、「外国と仲良くする」以外に、私たちが身を守る術があるでしょうか。国防という観点からみればこれほどの悪条件もないだろう日本という国を、軍事力によって守りきることって、ほんとうにできるんでしょうか？

………「抑止力」？

アメリカ軍が守ってくれる？

このあたりのことについては、柳澤協二さんがわかりやすく解説してくださいましたね。

柳澤さんが端的にご指摘になっているように、私たちが身を守る手段は、外国との間で軍事的な緊張を生じさせないこと、現に生じている軍事的緊

張を緩和するため力を尽くすこと。これ以外にないのではないでしょうか。

　今、アメリカと北朝鮮が緊張を高める中で、私たちの憲法は、私たちの政府に対して、どのような行動をとれと命じているのでしょうか。

「人間の安全保障」という考え方

　「安全保障」というと、イコール軍事力と考えがちですが、このように、日本国憲法はその考え方を捨て、軍事力によらないで平和を構築していく道を選びました（現実の日本がその道を歩めているかどうかは別として）。それが70年ちょっと前。

　日本にとっては、上記の「現実」のほか、当時の政治的状況もあって、理想を追いかけるというよりも、現実的にとりうるやむを得ない選択という面も大きかったとはいえるでしょう。けれども、みなさん意外に思われるかもしれませんが、これこそが、ほんとうの平和のために選択すべき道だという考えが、今ようやく、じわじわと国際社会の中でひろがっているのです。

　「人間の安全保障」という考え方が、国連の中から明確に打ち出されたのは今から約四半世紀前、1994年のことです。軍事力による安全保障というのは、国家の防衛という発想です。その国に暮らすひとりひとりの人間の生活・生命を守るという意味での安全保障ではありません。だって、自衛のためであっても戦争は戦争。人々の生活を破壊し、命や健康、財産を奪うものであることには変わりはないのです。

　なにより、軍事力は、貧困や差別、飢餓、疫病、テロなど、戦争以

外の「恐怖」や「欠乏」から人々を守るには、全く役に立ちません。

ひとりひとりの人間が、あらゆる「恐怖と欠乏」から解放されて、安全に、安心して暮らす。これを「平和」と考えるならば、それを実現する手段は、少なくとも軍事力ではないだろう。「国家」の安全という視点ではなく、ひとりひとりの人間の、現実のくらしの「安全」を守るために、国家はどうしていくべきか。これを探っていこうというのが「人間の安全保障」という考え方です。

まさに、日本国憲法が70年あまり前に宣言したものですね。それから50年もたってやっと、国際社会も、それこそが本当の平和への道なのだということに気づき始めたのです。

☕ そして「平和への権利」

国連で何年もかけて議論され、2016年12月に採択された「平和への権利」という宣言は、これをさらに進めたものといえるでしょう。およそ人は、国家に対して、「平和に暮らさせろ」と求める権利がある。たとえば軍備というのは、あるだけで危険だしお金がかかる。そのために人々は怖い思いをするし、社会保障費が削られ、貧しい人が困る。これは「平和」ではない。だから国は軍備をなくせ、あるいは減らせという要求。

失業の恐怖に怯える暮らしは「平和」ではない。だから国は雇用の確保と安定のための施策をきちんと行えという要求。

まともに教育を受けることができず読み書きすらできない暮らしは「平和」ではない。だから国は自分たちにしっかりと教育を受けさせろという要求。

　さらには、放射性物質の恐怖に怯えることなく、安心で健康な暮らしができるようにしろという要求。

　こうしたことを、国家に対する個人の権利としてきちんと位置づけようというのが、「平和への権利」です。

　いうまでもなく、そのモデルとなっているのが、日本国憲法が70年以上も前に宣言した、「平和のうちに生存する権利」という考え方なのです。

さて、答えは…

　というわけで、「どこぞの悪い国が攻めてきたらどうするんだ」という問いに対する日本国憲法の答えは、3番目の考え方、「いかなる場合でも、いかなる理由があっても、武力行使は一切しないというのが9条の宣言だ。これこそが、世界に冠たる平和憲法である所以であり、日本国憲法の真骨頂である。」というのが、もともとの考え方、ということができると思います。

　他方、ここまでのお話しを踏まえて、あなたは、これから日本が進むべき方向として、どれが正しいと考えるでしょうか。

　この意味での"答え"は、本書を読み終えたみなさんひとりひとりが、考えて出してください。

コラム

「軍事力」ではない、安全保障としての難民保護

明日の自由を守る若手弁護士の会（あすわか）
弘川欣絵 Hirokawa Yoshie

「軍事力」ではもはや
安全は守れない!!

　安全保障とは、従来、「軍事力を用いて国家の領土や独立を外部からの脅威から守ること」を意味していました。要は、軍備を拡大し、抑止力によるパワーバランスで国家間の戦争を回避しようとしてきました。しかし、東西冷戦が終わり、宗教民族の紛争の勃発や多国籍企業による経済のグローバル化への反発など、単純な国家の軍備拡大だけでは安全は保障されず、「国家を守ることで、国民が守られる」という前提が崩れてきています。また、武力行使は多くの人々を悲惨な状況に追いやり、新たな紛争の火種となり、暴力の連鎖は続いていきます。安全保障を国家の軍備に頼ることは不十分で、紛争の根本の原因となる貧困、経済格差、飢饉、環境破壊、難民、人権侵害などを解決する必要があると考えられるようになりました。すなわち、安全保障は「国家」だけではなく、「人間」に着目するべきだとして、「人間の安全保障」が言われるようになりました。

「難民鎖国」日本の
難民の悲惨な現状

　世界では難民危機が深刻さを増していて、2016年末の難民・避難民の合計数は過去最高の6560万人に達しました。民族や宗教、政治的意見などを理由に迫害から逃れるため

に国境を逃れて移動する人々を各国が適切かつ迅速に受入れることは、安全保障の観点からも重要です。日本では、2017年の難民認定申請数は1万9629人である一方、難民認定数はわずか20人でした。欧米諸国が年間1〜数万人を難民認定しているのと比較するまでもなく、難民認定制度はほとんど機能していないと言っても過言ではありません。99％以上の難民不認定者は、いずれは入国管理局の収容所に収容され、迫害のおそれがある本国へ強制送還される危機に晒されます。実際、難民を含めた在留資格の無い外国人の収容は2年を超えるようになってきています。また、難民不認定処分が下されてすぐに、裁判で争う機会も与えられないまま強制送還されるケースも出ています。

　日本政府は、「人間の安全保障」を主要外交政策の一分野として掲げていますが、その重要課題である難民問題については、長年、国際的・国内的な非難を浴びながらも目をそむけ続け、「人間の安全保障」に本気で取り組むつもりがあるのか甚だ疑わしいところです。

市民による
「人間の安全保障」としての難民支援

　私が初めて入国管理局の収容所に収容された難民に面会に行ったとき、「日本はヒロシマがあり、戦争をしない国だと聞いていた。だから逃げるなら日本へ行こうと思った。だけど、犯罪者のように捕まってしまった。」と言われ、怒りと申しわけのなさでいっぱいになりました。

　同じように感じた人たちが、それぞれの場所で難民支援の活動を始めました。私が共同代表を務めるRAFIQ（在日難民との共生ネットワーク）は、2002年に関西で結成されました。RAFIQとは、アフガニスタンの少数民族ハザラ人の言葉で「仲間」という意味です。入管に収容されている難民に面会したり、弁護士と連携して証拠の収集や翻訳をするなどの法的支援や、入管の収容から解放（仮放免）された難民にシェルターを提供したり、病院への同行、食料の提供、生活に必要な情報提供などの生活支援を行っています。また、難民認定制

度の抜本的な解決を政府に求めるなどの政策提言や啓発活動も積極的に行っています。

　日本には、軍事政権下のミャンマーから、政治的意見などを理由に逃れてきた人たちが約1万人います。彼らを適切に保護し定住支援をすれば、完全にミャンマーが民主化されて彼らがミャンマーに帰国して政治家となった時、日本とミャンマーの友好は揺るぎないものになるでしょう。これはあらゆる国からの難民について言えることです。

　これまで、たくさんの市民やNGOが難民支援に情熱をかけて携わってきました。また今も、日本における難民の悲惨な現状を聞きつけ支援したいと多くの人が関心を寄せています。この支援の輪がどんどん広がっていくことがとても大切ですが、正直、難民認定数がわずか20人という現実を変えられない以上、私たちは難民をさらに二次的に迫害する加害当事国の一員であることに変わりはないのです。

世界中の人々が
恐怖と欠乏から自由であるために

　国連は、人間の安全保障を、人々の「恐怖からの自由」、「欠乏からの自由」、「尊厳を持って生きる自由」を重視するものとしています。日本国憲法前文は、まさに「われらは、全世界の国民が、ひとしく恐怖と欠乏から免かれ、平和のうちに生存する権利を有することを確認する。」と謳っています。戦争や国際テロを無くし、私の愛する人たちの安全を確保するためには、世界中の人々が尊重され、実り豊かな人生を全うできなければならないと思います。そのために、せめて、助けを求めてきた難民に「ようこそ、日本へ。もう大丈夫。よく頑張ったね。」と言える社会にしていくべきだと思います。

あとがき

明日の自由を守る若手弁護士の会（あすわか）

遠地 靖志
Enchi Yasushi

みなさん、『憲法カフェへようこそ』第2弾はいかがでしたか？
今回は、「とことん平和主義！」ということで、9条、平和主義にこだわりました。

自衛隊が発足してから63年。日本国憲法のもとで禁じられている「戦力」に当たるかという論争がありながらも、国民の多くは、自衛隊を災害時には救助に駆けつけてくれて、いざというときには日本を守ってくれる存在として受け入れています。その自衛隊を憲法にきちんと位置づけようというのは、ひとつの考えなのかもしれません。

しかし、憲法に自衛隊を位置づけることは日本の安全保障に大きく関わることであり、私たちの日常にも少なからず影響を与えます。そして、何がどう変わるのかを知るためには、今の憲法がどうなっているかを知る必要があります。なぜなら、今の憲法がどうなっているのか知らなければ、なぜ変える必要があるのか、なぜ変えないでいいのか、という話ができないからです。

また、今回は憲法のことだけでなく、柳澤協二さんに安全保障について論じてもらいました。それは、日本を取り巻く情勢や安全保障をふまえないと、自衛隊を憲法に位置づけるか否かについて、地に足がついた議論ができないからです。

日本国憲法は、戦争でたくさんの尊い命が奪われた反省から「政府の行為

によって再び戦争の惨禍が起こることのないように決意」し、戦争をしないことと、戦力をもたないということを決めました（**前文第1項、9条**）。そして、日本の安全は、世界の人々と良い関係になり、信頼し合える関係を積極的に築いていくことで守ろうと宣言しました（**前文第2項**）。

　このことを「理想論」という一言で片付けてしまうのは簡単です。しかし、なぜ、日本は72年前に戦争をしない、戦力を持たないと決めたのか、そして、日本と世界の平和をどうやって実現しようと考えたのか、9条改憲がクローズアップされている今だからこそ、もう一度、9条の原点に立ち戻って考えることが大事ではないでしょうか。

　この本が、みなさんが9条改憲の是非を考える一助となれば幸いです。

　今回は憲法9条、平和主義に焦点を絞りましたが、表現の自由、信教の自由、教育、働き方、男女平等など憲法をめぐる問題はたくさんあります。

　あすわかは、2013年1月の設立以来、「知憲」をキーワードに、全国津々浦々で、憲法カフェを開催してきました。私たちは、9条に限らず、「憲法のことを知りたい。」という人が一人でもいれば、全国どこでも駆けつけます。私たちの願いは、日常に憲法が根づくことです。ぜひ、あなたも憲法カフェを開催しませんか。

　最後に、本書の完成まではたくさんの方々のご尽力がありました。とくに、なかなか原稿を書かない私たちに辛抱強くつき合ってくださったかもがわ出版の松竹伸幸さん、第一弾に続き、可愛くておしゃれなイラストを描いていただいた大島史子さん、そして、この本のために書き下ろしをして下さった柳澤協二さんの協力がなければ本書は完成しませんでした。心から感謝します。

プロフィール

明日の自由を守る若手弁護士の会

2013年1月、28名の若手弁護士らの呼びかけにより設立。2012年4月に発表された自由民主党の『日本国憲法改正草案』の内容と危険性を広く知らせることを目的として、SNS発信や憲法カフェ活動を展開。立憲主義や民主主義など、「近代の価値」への理解を広げようという今までにない活動スタイルが徐々に話題となる。2014年6月、『これでわかった！ 超訳 特定秘密保護法』（岩波書店）を出版、10日で3刷という売り上げを達成、出版記念パーティーの様子が朝日新聞「天声人語」で紹介される。メンバーは現在600名以上。

小谷　成美（こたに・なるみ）　…編集、はじめに

解雇裁判を起こして敗訴したことで闘争心に着火、2009年弁護士登録（大阪弁護士会）。「近所のお姉さん」や「高校の時の友達」に似ているとよく言われる。見た目フツーっぽいが、意外と学生の頃1年かけてアジアの国々を放浪したりもしている。参加型＆エンパワーメント型の憲法カフェが人気。

橋本　智子（はしもと・ともこ）　…編集、第1章、第4章、コラム

「おかあちゃん、せんそうになるの？」小さな恋人が繰り返し不安げに尋ねた2015年「安保の夏」。彼とともに憲法カフェにデモにと歩き回った日々、門前の小僧よろしく「けんぽうってなー、"おうさまをしばるきまり"やでー」と得意げに幼稚園の先生に話した姿が忘れられない。

谷　次郎（たに・じろう）　…第2章、コラム

大学の法学部に入学後、原発訴訟の原告になったり平和運動に参加するなどしつつ、苦学の末司法試験に合格し、2012年、40歳で弁護士登録（大阪弁護士会）。3人の子持ちで、たまに子連れで裁判所に出没することも。

プロフィール

柳澤　協二（やなぎさわ・きょうじ）　…第3章

元内閣官房副長官補・防衛庁運用局長・防衛研究所長。現在、現行憲法下での防衛政策のあり方を模索する「自衛隊を活かす会」代表、国際地政学研究所理事長。東京大学法学部を卒業後、一貫して防衛庁に身を置く。歴代内閣の安全保障・危機管理関係の業務を担当。

遠地　靖志（えんち・やすし）　…おわりに

2009年弁護士登録（大阪弁護士会）。あすわか設立メンバーの一人。「暮らしと憲法は繋がっている」をキーワードに憲法カフェに取り組んでいる。真っ赤な愛車とともに現れる「赤い車のお兄さん」。

武井　由起子（たけい・ゆきこ）　…コラム

一橋法科大学院を経て2010年弁護士登録（第一東京弁護士会）。3.11で、自分で考えて社会に向き合って来なかったことを大反省。そんなきっかけにして欲しいと日本全国・海外で展開する憲法カフェは視野が広いと評判。北京駐在経験もある元商社員で、OVERSEAs、Veterans For Peaceなど海外との取り組みが多いが、飛行機が大の苦手。

弘川　欣絵（ひろかわ・よしえ）　…コラム

2008年弁護士登録（大阪弁護士会）。あすわかの他、RAFIQ（在日難民との共生ネットワーク）の難民支援活動にも携わる。憲法カフェの感想で「弾丸トーク」「弘川さんが憲法を好きなのは分かった」とよく言われる。「憲法カフェ〜難民問題編」のオファーも、ぜひ！

あすわか（明日の自由を守る若手弁護士の会）
講演（憲法カフェ、ランチで憲法など）の、お問い合わせは以下までお願いします。

mail：peaceloving.lawyer@gmail.com
http://www.asuno-jiyuu.com/

イラスト／大島史子

憲法カフェで語ろう　9条・自衛隊・加憲
憲法カフェへようこそ2

2018年5月15日　第1刷発行

編　著	ⓒあすわか（明日の自由を守る若手弁護士の会） ＋柳澤協二
発行者	竹村 正治
発行所	株式会社 かもがわ出版 〒602-8119　京都市上京区堀川通出水西入 TEL 075-432-2868　　FAX 075-432-2869 振替 01010-5-12436 http://www.kamogawa.co.jp
制　作	新日本プロセス株式会社
印刷所	シナノ書籍印刷株式会社

ISBN978-4-7803--0965-2　C0036
Printed in JAPAN